Le IV-e REICH

Gabriel DINU

&

Marius CONU

Traduit du roumain par **Gabrielle DANOUX**

Traduction revue par **Thibaut VOISIN**

© 2022, Gabriel DINU & Marius CONU

Couverture : élément graphique de Marius CONU

Édition : BoD – Books on Demand, info@bod.fr

Impression : BoD – Books on Demand,

In de Tarpen 42, Norderstedt (Allemagne)

Impression à la demande

ISBN : 978-2-3224-6039-7

Dépôt légal : Octobre 2022

CHAMP DE BLÉ AVEC ANGES ASSASSINÉS

D'intensité lyrique équivalente, les deux parties du présent recueil signé Marius CONU et Gabriel DINU, se complètent l'une l'autre pour se retrouver finalement dans un tout unitaire, dans ce film de la vie et de la mort.

Remède pour la mort, comme le dit Gabriel DINU, un tel livre au titre relevant de l'Histoire, écrit en cours de route, à la hâte, à l'amour, à l'aveugle, devant la glace, constitue un témoignage digne de confiance, c'est-à-dire un livre dont les *sources* sont intimement liées à l'être des deux poètes. La *source* quotidienne est leur propre vie. Les trois poèmes en ouverture de la partie de Marius CONU, intitulée *Ukraïna mir*, sont un préambule à ce qui suivra après ce début de XXIe siècle antichrétien, global et dépourvu d'identité.

Ukraïna mir (Paix en Ukraine), avec sa numérotation 1, 2, 3, 4 est comme un rythme cadencé de marche, d'entraînement, un rythme d'exode, comme forme de vie vécue à la hâte. S'ensuit un *stop-repos*, arrêt-image pour témoigner :

Ils t'ont volé toutes les étoiles

et le ciel l'ont verrouillé

avec des oiseaux métalliques.

Une strophe emblématique pour l'exode des enfants, dévêtus, affamés, seuls ; une image de gros plan en zoom, du poème *La floraison.*

Il y a beaucoup de fleurs dans la poésie de Marius CONU, en guise d'offrande pour les milliers, les dizaines de milliers de tombes, anonymes, sans aucun nom, ou bien juste avec un numéro unique d'identification, dans le catalogue sombre de l'humanité : en partant de la *fleur sous les côtes*, rappelant la perforation avec l'épée dans la côte de Jésus crucifié, par le soldat romain pour s'assurer qu'il était bel et bien mort, jusqu'aux :

soyeuses savanes

des lointaines fleurs.

Poète, mais aussi *soldat,* comme dirait Nichita STĂNESCU, il vit cependant *à l'ombre de l'albatros.* En dépit de tous les jeux politiques – utopies perverses avec un cynique ricanement – il rêve de la *frontière lumineuse* où le *poisson chimique* ne peut passer.

La poésie de Marius CONU est une barrière, une frontière où la parole n'a rien à voir avec la violence. C'est ici que se trouve l'endroit où *les oiseaux chantent dans tes yeux* et où la mémoire affective et la mémoire historique sont utiles et actuelles. Le nom du soldat ukrainien, russe, vietnamien, américain, serbe, tout comme le nom du soldat qui a transpercé Jésus avec son épée sous les côtes, ainsi que beaucoup d'autres noms tels que les noms des villes détruites, alors et à présent, font partie de la genèse de l'Histoire.

Notre société globaliste et de fausse liberté égalitariste les mélange comme dans un jeu de dés.

Le jour où viennent *les oiseaux aveugles/en larmes*, comme le dit Gabriel DINU dans le poème *Alea jacta est*, c'est le jour où les dés ont été jetés. L'ancien, l'antique syntagme du passage du Rubicon et du début de la guerre trouve dans la poésie de Gabriel DINU un espace lyrique de protestation et de manifeste contre cette duplicité mondiale masquée, où les guerriers *combattent pour la paix* depuis des bunkers blindés et bien cachés sous terre.

Toute invasion, soit dans l'est plus rapproché ou bien plus éloigné, soit au Vietnam, Kiev, Marioupol, Boutcha, Hiroshima, l'ex-Yougoslavie, apporte la danse de la mort.

Dans la troisième séquence de *Ukraïna Mir*, Marius CONU, impliqué corps et âme dans sa propre poésie, se retrouvant devant le peloton d'exécution, écoute en silence la question cyniquement hautaine : *Comment te sens-tu ?*

En guise de réponse, autrement dit de silence gardé devant la provocation, le poème de Marius CONU, intitulé *Le silence*, est un manuel qu'on peut apprendre par cœur :

Comment te sens-tu ?

J'ai regardé les pluies éloignées

Et les magnolias rouges fleurir

Sur les cuisses, épaules, poitrine

Comme des baisers intenses…

La poésie de Marius CONU est une éternelle *histoire d'amour*, inaltérée par le mécanisme cynique de la société de plus en plus anti-humaine.

Dans *Danse finale*, le poète romantique requiert du poète soldat le droit à une dernière confidence :

Les souvenirs seulement

sont ces sentiments

qui agenouillent

le sommeil

L'épée de Hérode Ier le Grand qui a tué 14 000 enfants, il y a plus de deux mille ans, est encore acérée aujourd'hui. Ultrasophistiquée, avec une dénomination standard, diversifiée jusqu'au chaos, l'arme contemporaine présente avec la première un point commun : elle tranche dans la chair vive. Au propre et au figuré.

Sur les fronts mondiaux, à vue, ou dans les prisons *off* de Guantánamo ou de Sibérie, prisons sur lesquelles Gabriel DINU écrit dans le poème *Vive le combat pour la paix*, les militants *flower power* serrent la main au dieu de la Guerre. Peu importe son identité. L'argent est une source globale, solide, liquide d'entente. La diplomatie est devenue un slogan du genre, disons : *C'est nous qui vous sauverons, mais pour cela il nous faut d'abord vous détruire.*

La salle de jeu où l'on lance les dés peut très bien être une limousine aux vitres teintées. Et pour les amateurs d'antiquités je rappelle aussi le dicton latin : *Où ils ont fait un désert, ils disent qu'ils ont donné la paix.* (*Ubi solitudinem faciunt, pacem appelant*, Tacite, *Vie d'Agricola*, 30).

La poésie de Gabriel DINU est une manière *de voir le silence*. Les multiples possibilités de déclamation que sa poésie offre constituent la seconde partie du recueil, intitulée *Le IVe Reich*, un miroir du temps des calendriers, lundi, mardi, mercredi..., mais aussi du temps qui se détache de lui-même pour devenir fragment d'Histoire :

Divisez la vie

et la mort par 4

Le résultat sera

Un rêve, un rire, un pleur.

Les quatre coins du monde prennent, tour à tour, selon la roulette ou bien les dés jetés, l'un des visages suivants : rêve, rire ou pleur. Gabriel DINU choisit le *rêve comme remède*. En le paraphrasant, je peux affirmer que le nom dans le rêve n'est pas identique à celui de la réalité immédiate. Mourir signifie perdre quelque chose de toi-même. Que faut-il perdre, quelle partie de soi-même se détache pour parvenir à écrire de la sorte ?

Apportez des fleurs

si souffrant je me sens

À cause de la mort.

Un livre à deux s'élabore difficilement. Mais dans une telle errance à travers le désert mondial, il vaut mieux être deux. La règle patristique du voyage, simple et essentiel, ou bien la règle chrétienne du voyage selon laquelle où il y en a deux, je suis Moi aussi, devient une règle poétique et les deux auteurs, Marius CONU et Gabriel DINU marchent dans le silence des paroles non prononcées sur leur chemin.

Clelia IFRIM

UKRAÏNA MIR

Marius CONU

La floraison

Ils t'ont volé toutes les étoiles
et le ciel ils l'ont verrouillé
avec des oiseaux métalliques.
Ils t'ont caressé avec l'ombre…
Ils t'ont arraché les épaules avec la fuite
Ils t'ont embrassé avec la glace…
une fleur à peine éclose, désertée
flotte impeccablement
sous tes côtes
tel un grand-père perdu
implacablement,
par une matinée inutile
comme un début de mois de mars…
Seule cette ville
Est le témoin muet
De ton passage à travers l'étreinte…
seule cette ville
s'effondre

intensément, irrémédiablement dans le souvenir souffreteux

de la ville qui fut

sous le vol douloureux

et métallique des oiseaux russes.

Sais-tu que tu n'as plus de nom

ni de rêves ???

que tu es une statistique

un nombre insensible

fondant lentement

sur l'asphalte indécent

de la ville qui se meurt…

Seule une pluie salée, profonde

Caresse encore ton front

Et le mutisme de la pierre.

manifeste

Je serai libre bientôt
T'ai-je dit au-dessus de la tasse
De café, exhalant une odeur de rêves
Et d'obscurité...
Déçu par de terrifiantes
Émissions télévisées,
Je m'évaderai bientôt
Du corps étriqué
de barbelé
du *nikolaev*,
par-delà les ricanements
en putréfaction du peuple
russe
et la tour obtuse, nucléaire
des voleurs de radiateurs
électriques...
Et le monde
Je les appellerai forêt.

Le plus souffrant

Il est petit

Et entassé dans sa propre

Peau, tel un furoncle

Sur le point de fleurir

La pourriture d'un temps volé…

Il déclarera la guerre

Au monde entier…

Avec le front, avec l'épaule décharnée

Avec l'aveuglement du regard

Il s'écorchera sur les pierres, les secondes

Et implacablement sur l'oubli

Comme un lézard habitant

Dans n'importe quel recoin, dans n'importe quelle lacune

Avec sang-froid

Et respiration empoisonnée…

Il se nourrira goulûment

Des corps

Des jeunes

Sa soif il étanchera

Avec des fleuves de sang frais…

Et ensuite il fera nuit

et puis jour.

Et adviendra l'oubli

une rivière anonyme, inutile

comme toute famine.

1. *Ukraïna Mir*

L'obscurité descend dans les os,

terrifiante et insensible…

Nos silences sont

si remplis de paroles…

Comme le sont les guerres cosaques…

comme l'est la Crimée

malade

à cause des corps.

Le poisson chimique

Tu as une odeur âpre de mort
Et de dunes de sable
Tel un poisson flottant à l'envers,
Métal asséché
À la mémoire d'un désert
De l'être…
Le cœur est toujours
Une fleur salée
Qui pulse la vie.
Nous tous, enlacés,
Avec des visages marqués, mouillés
Pleurons
Dans le ventre insensible,
De béton et fauves* hurlants
De l'Azovstal
La nécessité d'être
et c'est tout.

* à noter la polysémie du pluriel *fiare* qui désigne aussi bien les fauves que les métaux en général, la ferraille en particulier

Apparence

En chevauchant les orages
Sombres
De la parole
En direction de la violence de
Ce début de siècle…
Seul par cet après-midi
Brûlant, cannibale
Des retrouvailles avec l'amoureuse…
Dans le désert incandescent de métaux
au-dessus du *marioupol*
Tu distribues le souvenir
D'avoir été,
À tous tes amis
Dansant sous des peaux soyeuses
D'air…
à l'ombre des généraux obtus
parlant dans le nord douloureux de l'être
En parcourant les orages

De la tristesse et les pluies salées

Des baisers d'adieu…

Dévorant l'être

Que tu aurais pu devenir

Au profit d'un nouvel être.

Toi, monstre parfait

cannibale tardif

de la souffrance.

Le retour

Abasourdi

Je cours vite

Entre les soyeuses savanes

Des lointaines fleurs

(une sorte de frisson de la couleur)

Et les forêts cruelles

Du mois d'avril…

Entre la toile d'araignée

Et la chute dans le vide

Un hurlement.

Je suis le fou de joie,

Le rictus parfait

Reflété dans ton épaule…

Une telle Histoire

D'une quelconque guerre

De l'enlacement…

Je suis le fou de joie

Et je ris de façon salée, je ris de façon rouge

Effondré en moi-même

Sous les baisers délicats

Des pierres heurtant

Au milieu de l'arène

Dans le *donetsk* de peur

D'éloignement.

essentiel

Drastique

tout est terrifiant

de plus en plus étroit

de plus en plus suffocant

et plus figé

à *azov*…

notre respiration est

un couteau, un étouffement

comme si chaque seconde

était une bulle de savon,

dure et inexorable telle l'effondrement

lourd dans la gare

du train de marchandise en fer

drastique, rigide, suffocant,

la peau écaillée

du ballon de savon

transparence rigide

de la sphère d'acier et phosphore

parlant une langue étrangère

et pourtant si connue,

entrelaçant crescendo dans la douleur

nos êtres

ici, dans le souterrain…

comme l'absence d'étreinte

comme ma séparation finale

de toi, père…

comme l'évasion torturée, courageuse, folle

du ventre de la mère

à destination de la mort.

Étreinte

J'aurais pu atteindre l'amour
Là-bas sous les marronniers
À l'ombre de l'albatros…
/immobile comme une pierre dans son vol/
Si je n'avais pas été
Menti par sa silhouette
Calligraphiant l'air
Avec éloignement…
J'aurais pu prononcer
D'étonnantes paroles…
Si en me regardant tu ne m'avais pas dit :
Entends-tu passer le temps ?
Si j'avais pu
Atteindre le jaune malade
De ce printemps
J'aurais appris à crier…
Et aux oiseaux la nostalgie de l'air
J'ai emprunté

Dans des auspices de sang-froid

Et asiles de chair…

Si j'avais pu embrasser

L'âpreté transparente !

De ce froid…

J'aurais pu être

En avance sur la seconde

Avec un baiser…

Ou un étonnement.

Fin de l'enfance

D'habitude
Je m'allongeais
Dans l'herbe
J'écoutais tous
Les trains du monde,
Dans un souffle unique,
Passant vers le sud…
Au bord de la rivière…
Dans mes yeux flottaient
Tous les souvenirs
Et des restes de sentiments
Arrachés au sourire béat
De l'enfance…
D'habitude je m'allongeais
Sous la peau bleue
Transparente telle la peau de verre du ciel
De mai
Embrassant la rivière

Au-dessus de laquelle passaient

Toujours vers le sud

Des serpents métalliques, indifférents

Des trains froids et cruels

Avec leur odeur de toundra et de poudre

à fusil,

Me laissant poussiéreux

Dans l'herbe

Et chargé des souvenirs

D'une attendue

Étreinte,

D'un immédiat

Attristé baiser,

Par-delà toi,

Le Russe.

L'aliénation

Ma respiration
Souille la frontière lumineuse
De l'air avec des hurlements
Et une Histoire du sang…
Une guerre mondiale, acide
Et humide dans mon cœur,
Comme le corps insinué d'un
Serpent…
Entre l'océan rouge, salé du sang
Et le désert pierreux des os.
Douloureux
Un nom…
Quelque peu différent
Et pourtant identique…

Une langue étrangère
Et pourtant la mienne flottant
Avec indifférence sous la plante de mon pied.

Les autres

Ils sont arrivés dans la cité de *Boutcha*
Et se sont mis à peser le mot
– étalés anonymement dans la rue
étaient leurs corps
lacérés par la cruauté des derniers
barbares du siècle
descendus d'un Moyen Âge
de la peur.
Leurs hurlements muets
écrasaient au-dessus le ciel
et ensanglantaient leurs yeux
avec les lances de la douleur–
Avec la démarche des vierges
Dans d'étranges matinées,
Avec les barbes des sages qui pendaient
Au firmament comme les plumes de quelques
Ibis lancés à toute allure dans l'air.
Ils se sont mis à peser

Et ont arraché pieusement
Les langues…
– pour que ne soit pas prononcée
l'horreur laissée derrière
par la jeunesse bestiale
Comme dans une église de cire
Et de musc*.

* à noter la polysémie du roumain *mosc* qui désigne également le Russe

Le monstre

Il avait un orgasme chaque matin quand
Il se lavait avec de l'eau froide
Et faisait :
Aagh !…Aagh !…
Il se réjouissait de chaque nouvelle
Du front d'ouest
De chaque jeune tué,
Comme une victoire qui
Se rapprochait,
Des autres…

Ensuite
Un beau jour il est mort…
La tête dans le lavabo
Au-dessus de ses lames à rasoir
Riant rouge
Comme un empire.

Réflexion avec bleu

Des oiseaux chantent dans tes yeux
Fleurs partant des épaules
Et toutes les pluies du monde
Se déploient sur tes
Lèvres…
Je suis douloureusement
Retourné sous la côte étroite
De cette seconde…
Dans mes yeux flottent
Tous les débris de bleu
Écrasés sous les chenilles de tank de l'amour
Fraternel de printemps,
Sous l'œil du cyclope,
Et je me demande ce qui fut en premier
Le soleil se réfléchissant sur ton front
Large…
Ou bien l'étonnement des passants

Qui t'observaient en train de prendre un café sur la terrasse

Un autre jour et attendre ?

L'air russe

Cet air devient de plus en plus

Fin

Et étranger

À chaque respiration…

un cierge brûle

comme une bouche de feu

liquide

toutes les surfaces

des océans captifs

dans tes yeux.

Un mur lourd

d'air

au-dessus des tempes

Comme un éloignement

Du baiser.

Si loin de moi,

Si bizarrement

S'écrasent mes parents
Dans la glaise.

Sous la tempe du Russe
Juste l'oubli.

2. *Ukraïna Mir*

Ce rêve-là guette encore

Maintenant,

Froid et méchant,

Caché quelque part dans

Mon être,

Comme une sombre fenêtre

Haute et menaçante…

Ce rêve-là attend

Qu'après la douleur,

Au coin de la rue

Je m'endorme.

Plus personne n'est seul

Mère

Mis à part l'homme qui m'habite en silence

Et qui chaque soir

Me dit :

Je vais à présent rêver

Que les combats dans lesquels

Tu as été vaincu…

T'apprendront à souffrir

D'amour.

Corps anonyme

Tombé dans la rigole

en quête

d'un autre vivant.

(à la mémoire des victimes de Boutcha)

Au-delà de la périphérie
Éloignée de la ville
Chernobyl
conu observe...
Des printemps obtus respirant
Entre les étonnements des femmes-tiroirs
Et des millions d'éléphants en flammes
Sombrant dans son cœur
Vivant, de manière épuisante,
Étrange.
Au-delà de la périphérie de la ville
les soldats crachent
dans leurs mains
et se mettent à ériger des murs durs
dans la chair des enfants
des tournesols
avec haine et souffrance...
Derrière la rétine

de verre

lieu géométrique

du regard de *conu*,

les enfants, dans l'anonymat et le mutisme

hurlent.

Le portrait du soldat inconnu

le courage c'est quand

on traverse la peur

vers la liberté…

au-delà des portails bleus

d'Odessa…

Le courage c'est quand

tu refuses l'étreinte

par un trop grand amour…

dans le parc gris de *marioupol*…

Le courage c'est quand

tu attends avec

toi-même

à l'intérieur de toi-même

la patrie qui prend naissance maintenant

de manière vivante,

pour que les autres soient libres

de rire

sans que tu t'en plaignes

et surtout sans haine.

L'invocation

Non ! J'ai crié :
les arbres ne sont pas faits d'herbe,
et ne meurent pas indécemment
sous *kalibr*.
Les racines n'embrassent pas la terre
pétrie métalliquement, cruellement
sous le crissement rouillé
des bisons de la mort,
les oiseaux ne naissent pas de l'air
telles les filles d'une
invasion aérienne de haine…
Non, j'ai répondu,
la bouche pleine de futurs
et bourgeonnants noyaux
d'abricots…
ou bien des rêves…
moi non plus je ne sais plus…
qui je suis encore…

mais toi,

le Russe,

le sais-tu ?

Mais toi ?

mémoire

flottait blanche
et de manière terne
et boisée
une aile de l'oubli, sur
le rebord vert
de la fenêtre des grands-parents...
ce printemps devrait
être
de fleurs et d'odeur.
dans un équilibre précaire
en caressant la peau des secondes
et l'odeur de l'air
humide...
des millions de cris
s'effondrant excessivement, lourd
de douleur
sous la cruelle corpulence des obus
russes

défrichant de nouveau

la terre

en quête de racines

de sang,

comme une respiration,

gémissement, soupire,

flottait sur le rebord d'air

la fenêtre,

le souvenir des grands-parents

telle une aile blanche

déposant un baiser sur les épaules

décharnées des secondes

dans mon souvenir

encore vif et enfantin.

/Le monstre nain

Danse joyeusement dans la glace

Inspirant avec contentement les hurlements de douleur

Des jeunes Russes,

Se retournant dans leur for intérieur

Comme un lambeau de chair

Arrachée dans la place rouge

De la cuisse fébrile d'une

Inutile *natasha* mourante/…

Chant dans Kiev

Tu empestes acrimonieusement la mort
Et les dunes de sables…
Au-dessus de *kiev*
Comme un poisson endolori
Flottant à l'envers, rouillé,
métallique, sang séché à la mémoire
D'un futur désert
De tous les êtres
Le cœur est à présent
Une fleur salée
Qui pulse, vivant.
Nous tous, enlacés
Dans l'obscurité bruyamment,
Visages défigurés, mouillés,
Pleurons
Dans le ventre insensible,
De béton de la ville
La nécessité d'être…

La nuit descend dans les os,

Terrifiante, insensible

Comme un amour écorché et russe…

Nos silences sont

aussi remplis de paroles…

Que sont les guerres cosaques…

Dépourvues

De corps.

Juste des chants,

Juste des chants,

Qui flottent encore vers la sortie

Des corps.

La fin anonyme du soldat russe

Une fois, tu es presque mort,
Sous mon *kindjal*
Et les petits piafs ne sont pas
Des oiseaux migrateurs…
Les petits piafs s'essayent au vol
Sur de courtes distances
Confortablement…
Ils ne sont pas des oiseaux migrateurs
Et jamais ne volent
Par temps de pluie,
Ou par mauvais temps…
Je n'ai jamais vu l'océan
Et j'ignore aussi
Le lointain mystère
Des grandes plaines…
Je suis presque mort
Ce jour cruel
Où toi, attristée,

(aussi éloignée

que les foules qui déjà

à la solitude nous ont abandonnés)

Exhalant les larmes salées

Tu m'as dit :

– Les petits piafs ne sont pas des oiseaux

Migrateurs,

Mais ils tentent le vol…

comme un barbelé,

sur mon front vidé de moi-même

flottant

anonymement

sur cet asphalte cruel

là-bas sous les cieux.

La cadence du rire

J'ai vu la tour rouge
de la parole déclamée
Et des millions d'esclaves
Tournant avec zézaiement leurs langues
Dans l'aliénation…
(je suis la vérité et la vie
file la tour de télévision)
Comme des millions de serpents muets
Frémissant sous des peaux métalliques
tueuses
Et de la cruauté
Dévorant le silence de *kherson*
Avec des cris muets…
aux cieux il n'y a plus de place
pour les gens
mais juste pour l'obscurité
et les hurlements…
un nain monstrueux ricane

déchiquetant l'éternité

avec de l'air.

Le visage du monstre

je ne suis pas un monstre

je ne suis que la transparence…

je ne suis que la transparence

qui s'emparera

jusqu'à l'oubli

de ce monde plein

des étranges hiboux

des êtres de tous les étrangers,

jusqu'à saturation de tessons

et griffes…

je ne suis pas un monstre

je suis juste beaucoup plus évolué

que tous les autres…

et je le sais.

je connais le bien

comme je connais mes épaules,

mes cuisses, ma bouche.

le bien c'est moi.

je flotterai invisible

dans chacun d'entre vous

jusqu'au dernier…

jusqu'à ce que tous,

absolument tous

soient conformes à

mon image…

aucun n'y échappera.

je suis quand vous

n'êtes pas

ou ne pourrez plus être

ou inversement.

la transparence effrayante

vivant avec accablement

en marge de tous les regards…

dans nos êtres fragiles

de verre.

je suis.

le début de la peur,

la fin terrifiante,

affamée de la vie

dans l'oubli,

et mon nom est l'ombre

les plaines mortes de l'armageddon

a zézayé le nain…

Histoire d'amour

Il a téléphoné au

Même numéro

Comme s'il l'avait hélée

Depuis le toit vert

Des grands-parents

Durant l'enfance

Il l'a appelée lundi

Quand le soleil est rouge,

de tant de haine…

Mardi, il l'a appelée

Quand les colombes se nourrissent

De l'herbe, rarement encore verte

Clairsemée dans la rouille des obus…

Mercredi jouant avec la soie

Chaude des vers d'or

dans l'oreille,

Comme dans un rêve tranquille

Et mutique comme une eau profonde

de la paix...

Jeudi en même temps que les soldats déposant

un baiser froid sur les canons des tanks

Comme dans une prière

Dans la demeure du monstre cyrillique...

Vendredi avec les pierres dans la vitre de sa garçonnière

De Marioupol

Il l'a appelée

Samedi et dimanche il ne lui restait

Plus qu'à hurler de souffrance

Et solitude...

(créature étrange éclatant

comme un cœur vivant, des gravats et béton armé

contorsionné

auprès de l'instant)

Et pour qu'elle se réjouisse

D'une nouvelle semaine

Et du même numéro de téléphone

Sur lequel il allait appeler

Avec intermittences

jusqu'à la fin.

Danse finale

Dévastateur !

La foule brumeuse

de souvenirs

d'hier

quand te tenant par la main

Anya, je t'ai caressée

d'un simple sourire dans le parc Gorki

Du vivant Melitopol,

tourne autour

du noyau encore brillant

de la raison…

Maintenant.

Une danse monotone et mortelle

lacérant la peau

d'asbeste et goudron

de la ville

cris

étranges abeilles brûlantes

métal liquéfié coulant

dans l'air pesant

entre les immeubles.

une pirouette tueuse, un rondo criminel…

souvenirs uniquement

sont ces sentiments

qui agenouillent

le sommeil,

m'extirpent du cauchemar

russe

dans une autre langue…

et me laisse les cicatrices

sombres des cernes

comme un anathème de

la terre

gravé sous le regard.

Le dernier train

Et c'est alors que nous, le reste des humains

Avons appris à mourir

Chez les fourmis…

Une file infinie métallique

piquante comme une morsure

comme une plaie

du monde,

Une rouille aiguisée

avalant les rêves

sans cesse, irrémédiablement

comme une crainte…

Et tout le tunnel a une couleur douloureuse

Télescopant souvenirs, nostalgie

Et parfois écrasant quelque sourire

Sur le visage d'une enfant pressée

Passant rapidement

avec

des morceaux de bleu

flottant en tremblant dans ses yeux

Tout juste

Avant le grand sommeil.

Devant le convoi

Personne ne passe…

Depuis le devant du perron

Où j'attendais par erreur

Le jour passé

Seuls quelques-uns s'échappent…

Et c'est alors que j'ai appris,

En parlant une autre langue,

À sourire

Chez les cruelles fourmis,

Par erreur…

Le sourire qui écrase,

brûle et tue.

Au milieu de la fourmilière,

Je suis

Pressé, de passage

Dans le regard craintif, bleu

D'une fille…

dont le nom

n'est plus

c'est tout.

L'adolescence perpétuelle

avec des corps écrasés

à l'instar d'une plaie ouverte

salée, jaune

dans l'étreinte piquante, métallique,

d'un oiseau aveugle de feu

même les rêves

se brisent profondément dans la haine…

les troupeaux lents, silencieux

sombres et lourds des enfants de l'Ukraine

malaxés dans la chair molle

et avide de la terre

printanière…

appuie intensément le bleu violent

du ciel

écartelé par les cris…

comme une autre floraison.

leurs yeux vides

tessons douloureux de ciel,

vitreux,

te suivant du regard

irrémédiablement au-delà de

la fin du monde,

comme un anathème

une vengeance profonde

te pourrissant dans le sang,

toi, le soldat,

un serpent de souffrance

dansant dans tes os

jusqu'à la fin des temps

jusqu'à l'oubli dément

de ton propre être.

la mort a un effet étrange

sur les enfants…

n'est-ce pas, toi, le Russe ?

La réflexion

Je ne peux connaître
que la couleur bleue
a dit Conu...
celle qui flotte
tel un métal
sous la peau fine
de mes cernes
de la taille d'un cri...
véhicule cruel de mon insomnie,
tueuse lente, polie de mes rêves...
oh, toi la couleur bleue,
sens noble de mon sang,
démon vivant du crime d'une lucidité
naine, douloureuse... et absolue.
Je ne peux reconnaître que
ce bleu-là
flottant comme une peau étriquée
par-dessus le jaune vivant

de la rive de cris

d'une Odessa éloignée…

à l'instar d'un rêve

embrassé par la peur

et de fauves

nordiques

avec de l'air

à la queue.

Faire la file d'attente pour les rêves
à la mémoire de Kiev

un :
à cinq heures et demi du matin
le froid crisse
sous les pas
deux :
c'est ce que tu obtiens quand
les citoyens s'aiment
comme une douloureuse cascade
de chair
trop bruyamment,
comme les frères…
nous sommes en vie
et le froid nous secoue
l'ouïe
du tendre tohu-bohu
des bombes qui mordent à vif
dans la chair fraîche de nos enfants

et de nos mères…

c'est une forme d'amour

cela

pleine de sang…

dans la file d'attente près de moi

le nain frustré

et mourant souhaite

un nuage rouge de gens

hurlant

sous le claquement de fer

des obus

trois :

et soudain tous les Russes

de la colonne

souhaitent

des nuages de gens, d'enfants et de mères

bruyamment broyés

sous les métaux…

une sorte de pluie inversée.

(comme ils souhaitaient du *smetannik* sucré)

là-bas, par-delà des vitres aveugles

de Kiev

assombries de crainte coulante

verre abrupt en soupir

dépourvue de lumière,

rit le Russe aux dents blanches

comme une crécelle

en cloche :

tout vous réussit à vous

ceux qui vous endormez

avec notre caresse

captifs dans le regard jaune

du nain monstrueux, vieux

dansant au-dessus du corps

en putréfaction

de la planète…

comme tout réussit à ceux

qui dorment

comme sur des roulettes…

Le visage inutile et enlaidi de la mort

Tableau frivole en trois pas

Un :

L'achèvement ardent des armées de verre

Dans le feu qui consomme le cruel monde

pour

une avidité de l'être.

La terrible terreur de combattre.

La tendre violence des fleurs contre

Les êtres bestiaux qui peuplent les marges

Anguleuses des rêves,

qui arrivent toujours par le nord.

Deux :

La panthère hivernale, métallique, nourrissant les nobles ibis.

La crainte de devoir être, encore une

Seconde

vivant,

au milieu de ce festin des
Anciens amis servis dans l'assiette bien garnie
du raté politicien russe
Du souvenir que tu pourrais aimer pour
La première fois dans ta vie
là-bas sur les plaines assombries
de Chernobyl

Trois :
(patriotisme)

Je sais…

Comment tu te caches
Derrière le sourire
Aussi bizarre
Qu'une racine,
Ou bien un lézard accourant dans la chair
De la pierre
Solaire…

/froide et fixe

Comme la mort/

Je sais…

Comment tu respires

Le smog

Sombre

De ta jeunesse dérobée

Dans un parc gris…

Je sais…

Quel est l'instant où tu veux m'aimer

Et la façon double-jeu de

La ville

De mourir sous la pluie

De métal et de haine d'un

Sycophante de la mort

Avec un nom de peur et d'intolérance…

De s'insinuer dans le sang

De l'enfance

En même temps que le regard de chaque passant

Nageant anonymement

Dans la pluie…

En direction d'un passé de l'Histoire

Cachée dans les cœurs

Et dans le sel.

3. *Ukraïna Mir*

mon nom est famine

et odeur d'air…

des pierres de peine

éclaboussent de mes épaules

et cri sont

mes cheveux…

je vis en marge des choses,

là où la lumière pleure

et le sang s'agite

comme un lézard,

dans les recoins…

et l'ombre…

j'enlace le monde avec les écailles

asséchées de l'oubli,

mère,

car eux, bientôt

m'écraseront le front

pour un lambeau de terre

près de l'immensité de leur avidité

tel un manteau jamais assez long…

ils me lacéreront la poitrine, mère,

pour que ne batte plus en elle

un cœur

et cracheront dedans gaiement

dans la langue russe…

ils riront.

Et se réjouiront

Du service à café

Comme d'une prime

Aimée…

puis

la cachent sous les pierres

doucement, discrètement

telle une faute.

le silence

Ils m'ont demandé

Devant le peloton d'exécution

Avec des sourires métalliques

Et la rouille de la compassion :

Comment te sens-tu ?

Comment te sens-tu, m'ont-ils demandé

En souriant…

J'ai regardé stupéfait

Les pluies éloignées

Et les magnolias rouges fleurir

Sur mes cuisses, épaules, poitrine

Comme des baisers intenses…

Seul !

Seul,

leur ai-je répondu…

Seul.

l'invasion

des étrangers flottant, mère,
en marge
du regard,

des étrangers, père, dans les rues
de la ville,
dans les rigoles, sur les
toits…

Des étrangers nous observant
de derrière les fenêtres…

Captifs dans le regard
de la ville…

Des étrangers reniflant crue, craintive, l'ombre
de notre passage
à travers le parc…

D'autres s'insinuant

dans le baiser…

danse

La première moitié de mes
Hommes a dit :
Nous aimons…

Et nous exécutons une marche
Vers les murs élastiques
De la cité *marioupol*
En vol
À la moitié du mois de mai…

(Le lilas est une fleur
Comme une morsure)

L'autre moitié
De mes hommes a dit :
Nous pouvons mourir…

Nous n'avons ni noms

Ni amoureuses…

Et le champ de bataille sentait
Un relent âpre
D'odeur de moitié de mois de mai
Flottait indolemment au-dessus du parfum de lilas
Et de la mort…

4. *Ukraïna Mir*

Seulement le soir

Où ils ont ravagé nos terres,

Ils nous ont volé les vierges

Des plaines,

Ils nous ont brûlé les drapeaux…

Et ils ont effacé nos noms

Des pierres des anciens,

Nous avons appris véritablement

Qui nous étions…

Et alors nous avons tué.

Le IV-ᵉ REICH

Gabriel DINU

Le IVe Reich

Cette mort

et ses innombrables victimes.

Derrière elle sourient

perfidement, ceux qui ont repris

le pouvoir sur la planète.

Sans déclarations de capitulation

ou de guerre.

Et voici qu'arrivent les solutions de ceux qui

ne trouvent pas de solutions :

– Nous vous prions de monter dans les wagons !

Comment ça quels wagons ?

Les mêmes qui ont conduit

vos grands-parents

à Auschwitz

ou en Sibérie !

Devant cette mort,

on interdit même aux médecins

la consigne :

– Toussez, s'il vous plaît !

Vive le combat pour la paix !

C'est alors que j'ai souri.
– Vive le combat pour la paix !
Autant de troupes aux frontières
ou dans le pays
que de paix
et de tranquillité !
Ne vous inquiétez pas
Et les uns et les autres
ne sont que
des militants
flower power.
Riez, souriez,
mais ne rigolez pas trop.
C'est toujours :
The winner takes it all.
Et nous pouvons nous retrouver
tous
à Guantánamo

ou en Sibérie.

Paix à vous !

La paix arrive en dernier.
Quand tu as été tué
par tout ce qui fallait
que tu le sois,
quand tu as été trahi
par tous ceux qui
devaient te vendre.
Finalement, ce monde n'est qu'une
grande agence immobilière.
À 2 000 ans distance
d'une autre vente,
tu peux prononcer tranquillement,
encore et encore
– Paix à vous !

Alea jacta est

C'est alors qu'est venu
le peloton d'exécution,
Et quelqu'un a crié :
– *Alea jacta est* !
Le printemps est là,
à l'épaule l'arme !
Sont, ensuite, restés
seuls quelques rêves debout.
Et quelques oiseaux aveugles
En larmes.

Tout de blanc vêtue était la mort

En couleurs claires
était jadis le tout.
Mais voilà que la mort vient
tout de blanc vêtue
Puis elle se tait
Et elle pleure.

L'aveuglement

Nous étions tous aveugles, Seigneur !

Mais nous voyions correctement !

Tout, absolument tout.

Des drapeaux blancs,

Des drapeaux noirs,

beaucoup de larmes.

Et de menus silences.

Ils nous ont tout raconté

Ils nous ont tout raconté
La vie, la mort,
le rêve et la guerre.
Depuis les bunkers mondiaux
les héros nous disent qu'ils combattent
pour la paix.
À l'est, à l'ouest,
au sud, au nord,
continuent de tomber
des victimes collatérales.
Mais eux, les héros mondiaux,
les héros de la guerre,
continuent, depuis les bunkers mondiaux
à combattre
Pour la paix.

Le dieu de la guerre

C'était un printemps dégueulasse

quand le dieu de la guerre

arriva de nouveau.

Nous l'avions surnommé d'un nom de bête féroce,

un Russe

quelconque.

Et nous nous donnions l'illusion

que Dieu avait ressuscité

en Ukraine

En fait,

eussions-nous été

moins intransigeants

nous l'aurions tous aperçu

en nous observant nous-mêmes dans la glace.

La peur

Nous nous étions habitués à la peur.
Quelqu'un avait éternué en Chine,
ensuite nous avons tous éternué,
sur la planète entière.
Nous nous étions habitués à la peur,
à tout,
aux masques, aux tests PCR,
aux vaccins *Pfizer*,
aux doses *booster*,
à la mort
venue dans des sacs noirs,
à la quarantaine
à la police de proximité.
Quand soudain,
quelque part en Ukraine,
les idiots se sont rappelés
qu'ils avaient des armes.
Ensuite, en Roumanie,

nous nous sommes mis à acheter

de l'huile alimentaire et de l'essence.

Tu me dessinais un chat

Tu me dessinais un chat
originaire d'Ukraine
quand s'est mis
à aboyer un chien,
dans la langue russe.
S'il avait eu
un peu plus de courage
lui, le prof de physique,
surnommé le cactus,
il aurait réconcilié
le chien et le chat.
Et il aurait appris
à chacun
à jouer au golf.

Des papillons

Nous attrapons des papillons.

La mort danse,

Et saute

d'un pied

sur l'autre.

Sur le bord du gouffre

juste de bonnes intentions,

Et des papillons,

Morts.

Un rêve, un rire, un pleur

Prenez plusieurs morts

et divisez-les

par 4.

Le résultat, multipliez-le

par un rêve,

par un rire,

par un pleur.

Viens samedi

C'est alors que j'ai ri
ou j'ai peut-être pleuré :
– Viens samedi !
Quand la paix vient aussi !
C'est alors que les soldats
des deux fronts
ne recevront plus
ni solde,
ni balles,
ni vivres.
Ils pleureront
C'est tout.

Remède pour la tranquillité

Tu cherches un remède pour la paix,
pour la tranquillité,
pour l'intégrité,
Mais tu ne le trouves
pas tant que tu ne te regardes pas
dans la glace.
Nous voulons tous aujourd'hui
nous évader
dans un monde meilleur,
dans un monde plus calme,
dans un monde plus blanc.
Nous voudrions tous émigrer
en Ukraine.
Là-bas, les cigarettes sont bon marché
et les rêves brisés.
Nous restons cependant ici.
À Sibiu,
aucune des six maisons

du prof de physique,

surnommé le cactus,

n'est ouverte,

pour aucun réfugié.

De Roumanie,

ou d'Ukraine.

Mardi

On est tout de même mardi,

La guerre du rêve

de l'esprit,

du sang,

n'est pas terminée.

La mort compte ses pas.

Un, deux, trois,

– Stop, repos !

Nous rêvons en beauté

Nous rêvons en beauté

d'huile alimentaire et d'essence.

De sucre, de papier toilette

et de masques.

Mais surtout

de paix et non pas de guerre.

À notre réveil,

ici il y aura peut-être

quelques Russes,

nous prêtant main forte pour la moisson,

ou bien quelques Américains

en train de construire l'autoroute Bechtel

du rêve.

C'était peut-être un lundi

Un beau jour le printemps arriva.
C'était peut-être un lundi,
personne ne riait
personne n'a jeté
de pierres
dans la saison
qui venait tout juste de nous quitter.
Même si nous y avions tous
habité,
comme dans une maison
froide.
Au journal télévisé
on ne distribuait guère du gruyère.
Mais uniquement des nouvelles
Sur des balles
et des larmes.

Les anges soûls

Se sont soûlés les anges,

Et il pleut

avec des balles.

Tu bois ton café

ou, peut-être, ta vodka.

Puis, tu en répands

aussi un peu par terre.

Pour l'âme

d'une paix.

Qui ne vient plus.

Allô !

Un jour toi aussi
tu mourras !
Sur ton numéro de
téléphone
répondra la pluie,
ou bien Krishnamurti.
En vain, l'appelant
répétera,
à l'infini :
– Allô ! Allô !

Les cerisiers sont en fleurs !

Quelqu'un achète des balles,
quelqu'un d'autre vend des balles,
le chargeur est plein.
Ça y est !
Quelqu'un te hèle,
dans le rêve :
– *Mister* Lennon !
Sur terre
et dans l'esprit
les cerisiers sont en fleurs.

Le printemps est proche

Viennent en partant

Partent en venant

La guerre et le rêve,

Les pleurs et le rire.

Le printemps est proche.

Et on est lundi.

Nous étions plus sereins

Jadis nous étions plus sereins.
Nous ne gribouillions pas avec,
ou sans permission,
les murs de Mark Zuckerberg,
ils ne nous effrayaient point
avec la pluie qui arrivait alors que
nous n'avions pas de parapluies
fabriqués en Chine.
Nous buvions de la vodka russe,
Nous fumions des cigarettes en provenance d'Ukraine
et nous ne songions pas
à l'éclatement de la guerre.

Le week-end est proche

Autant de pots-de-vin que de sortes d'humains.
Tu maquilles le vieux rêve
avec un pinceau rose,
ou bien violet.
Au journal télévisé,
on ne distribue plus guère du gruyère.
On nous annonce seulement,
qu'est encore mort
un rêve.
Le week-end est proche.
Les paumes de tes mains, Seigneur, sont moites,
Le chemin vers le Golgotha
tu l'entames lundi.

Remède contre la mort

Nous recevons en guise de remède contre la mort
une autre mort !
Toujours, en cas de maladie,
ou de soûlerie,
un clou chasse
l'autre.
Les armes nous les appelons oiseaux,
tout comme nous dorlotons
les ouragans
avec des prénoms féminins.
En général, nous avons
les uns envers les autres
des suspicions d'humanité.
Dieu jette ses mégots
et prend la poudre d'escampette !
Prochain arrêt : l'Ukraine,
avec la descente quelque part.

Slava Ukraïna

C'était le plus beau printemps

Sur la terre

et en pensée.

C'est alors qu'est venu

l'évangéliste Manole

et nous a simplement dit ceci :

– Buvez de la tisane de tilleul*

et criez

Et nous avons crié :

– *Slava Ukraïna* !

*Le gouverneur de la Banque Nationale de Roumanie a conseillé aux Roumains de rester calmes et d'en boire, dans le contexte d'une importante inflation et à des taux d'intérêts élevés, en leur disant que lui aussi en a bu.

L'ombre du parti

En temps de paix
nous parlons de la guerre.
En temps de guerre
les soldats reçoivent de la tisane de tilleul
et du bromure.
C'est ainsi que parla un jour
d'été,
l'évangéliste Manole !
Aux négociations de paix
arrivent des ombres,
l'ombre de Lénine,
celles de Staline,
Marx, Engels.
Et la plus prononcée,
l'ombre du parti.

Le propriétaire de rêves

à la mémoire de l'écrivain Mircea Bostan

C'est alors qu'Il a ri,
ou peut-être pleuré :
– Une vraie mère
n'envoie pas
son enfant à la guerre,
ni sur le front d'est,
ni sur le front d'ouest.
Une vraie mère
apprend à son enfant
à ne pas oublier.
Que le passé toujours
se répète dans le présent
et le présent dans l'avenir.
Une vraie mère
cherche pour son enfant
un bon répétiteur en physique.

Un jour, son enfant pourrait devenir
un paisible propriétaire.
Si pas de rêves,
alors d'innombrables maisons.

La dernière des morts

Depuis la dernière des morts

s'est écoulé un jour,

s'est écoulé un an,

ou bien un siècle.

Souvent, respirer,

sourire,

est synonyme

de promener le soleil.

Sur un axe de grande circulation

à Kiev.

Un jour la paix viendra

Tu promènes le rêve
d'un bout à l'autre
de cette mort
qui se tait.
– Un jour la paix viendra !
T'a hélé l'ange.
Et puis il a pleuré.

Les poètes saluent Poutine

Le poète boit de la bière
et grignote des cacahuètes,
rit et pleure,
pleure et rit.
Mais quand le pays
le lui demande,
il s'empare de l'arme.
Et il salue Poutine !

Une saison, n'importe laquelle

C'était une saison, n'importe laquelle.
La dernière nuit d'amour
s'était achevée d'une certaine manière,
la première nuit de guerre
ne donnait pas de signes
de vouloir d'enfuir,
C'est alors que tu as su,
que j'ai su,
que j'allais t'aimer
que tu allais m'aimer,
Dans toutes les langues du silence.

Une paix ratée

Souvent je te hèle :
– Micle !
D'autres fois :
– Cléopâtre !
Au centre de la vieille ville
nous buvons de l'eau
et le rêve a une odeur
de vin
et d'absinthe
La guerre en Ukraine ?
Juste une paix
Ratée !

Pardonne-leur, toi, enfance !

C'est alors que j'ai ri,

ou peut-être pleuré :

– Pardonne-leur, toi, enfance !

Ils n'ont jamais su ce qu'ils faisaient !

La première fois

ils t'ont amenée chez le coiffeur

qui était soûl.

Il t'a coupé

une oreille

et t'a murmuré

que tu étais géniale,

dans ta ressemblance avec Van Gogh.

Tu as pleuré et tu t'es dirigée

vers l'école

dans cette année où la loi sur l'enseignement

avait encore changé.

Plusieurs heures plus tard,

sur la route tu as aperçu

des adultes

qui se donnaient du courage

les uns aux autres

en criant :

– *Slava Ukraïna* !

Ensuite, ils achetaient de la tisane de tilleul,

de l'huile alimentaire

et de l'essence.

Est venu l'ange et il a pleuré

Rien de nouveau sur le front d'est,

sur le front d'ouest.

Vie et mort,

lumière et obscurité,

Zelensky et Poutine.

Comme toujours

les mêmes peu nombreux

parlent au nom

de la foule.

D'après le discours,

de très bons comédiens

dans des spots publicitaires

pour le médicament nommé Viagra,

ou pour les lubies

du défunt docteur Ciomu !

Ils allongent celle de certains,

et coupent celle des autres !

Est venu l'ange

et il a pleuré.

Vendredi.

Paix et guerre

Un beau jour tu sentiras
la paix et la guerre,
ici,
à travers l'Ukraine,
ou bien ailleurs.
Que ce soit l'une
ou l'autre,
tu apercevras les mêmes
coutumes saines,
des prix contre des pots-de-vin
et des bandes organisées.
M'a dit l'ange
et il a ri,
ou peut-être pleuré.

L'ombre de la guerre

C'est l'été et il pleure
Même s'il n'a combattu
ni sur le front d'est,
ni sur le front d'ouest,
il n'a pas fumé des cigarettes
en provenance d'Ukraine
ni n'a bu
la célèbre vodka de Russie !
C'est l'été presque
et il pleure !
L'ombre de la guerre
est de plus en plus grande
et proche.
Les soldats des deux fronts
crucifient
encore une fois
Jésus.

La félicité est dans le centre commercial

C'est l'été et il fait chaud,

il fait chaud et c'est l'été,

tu me hèles

et je te hèle :

– *Slava Ukraïna* !

La félicité se trouve dans le centre commercial,

Lukoil ou *Petrom*

sous la forme d'une pièce de monnaie

de 50 *bani* tout rond !

*Du 1er juillet 2022 au 30 septembre 2022, en Roumanie, on a offert une compensation équivalente à cette somme (soit environ 0,1 €) du prix au litre du carburant.

Davai montre ! *Slava Ukraïna* !

Tu as tout vu et entendu,
absolument tout.
Tous les silences,
tous les calembours
et les logorrhées.
Le meilleur ami
de l'homme
est le soldat,
qui tape sur son épaule :
– *Davai* montre !
Slava Ukraïna !

Un peu plus de 3 tonnes

Après un peu plus de 3 tonnes

de gasoil

apparaît le rire

en éclats,

de nous-mêmes.

Seul le professeur de roumain

minaude :

– Ciucă, mon Ciucă, pourquoi m'as-tu quitté ?

Une félicité bleue

Nous guérissons chaque malheur
en le métamorphosant en une félicité
plus grande, bleue.
De près, de loin,
quelques anges
nous font des signes,
optimistes de la main.
De temps à autre,
nous rendent visite
des loups,
vêtus en habits de moutons : Ion,
Emil, Petre, Vasile,
Traian, Adrian, Mircea,
Crin, Viorel, Klaus,
Câțu, Ciucă, Ciolacu.
Ensuite, ils vont se faire voir.

Jésus monte au ciel !

Ils ont vendu Jésus
pour une poignée de sous,
la nuit, comme les voleurs !
Tout comme nous aussi
d'autres nous vendraient
pour de la menue monnaie
fût-elle
du Botswana !
Quelque part, entre le dimanche et le lundi
entre le mardi et le mercredi,
ou bien entre le mercredi et le jeudi
quelqu'un avec un poignard
à la main,
songe à toi !
Et se dit à voix basse,
et te dit à voix basse :
– Jésus monte au ciel !

C'est simple

C'est simple, trop simple !
C'est l'été et tu attends,
ils attendent l'automne !
Ils vont de nouveau fredonner Alifantis,
et vont réciter à voix haute
des vers de Nichita Stănescu !
Ensuite ils oublieront tout,
absolument tout.
Toi ?
Tu échanges une mort contre
une autre mort.
Dieu pleure quelque part en Ukraine !
Ou bien… ?

Des balles et des larmes

L'été s'en est allé,
l'hiver viendra,
des crises viendront
pour les humains et les anges.
Nous nous vêtirons de nouveau
avec tous nos silences,
plus anciens,
et plus récents.
L'été s'en est allé,
l'hiver viendra.
Dieu ressent une pluie
de balles et de larmes.
Dans la bouche.

Konets filma

D'abord je leur ai demandé
et ils ne m'ont pas répondu.
Ensuite, c'est eux qui m'ont demandé
et moi, je me suis tu.
Là, c'est bon.
Konets filma,
the end.
Humm !
Apportez des fleurs
si souffrant je me sens
À cause de la mort.

La poésie comme arme

J'ai lu et relu *Le IVe Reich,* ce recueil de poésie qui intègre avec franchise la confrontation entre les préoccupations d'ordre personnel et le sentiment de RÉVOLTE, sentiment vaste et aux profondes réverbérations dans l'ensemble de la sensibilité et de la spiritualité des deux auteurs.

Je sais depuis longtemps que le poète Marius CONU est impliqué dans les problématiques profondes du sens et de la responsabilité de l'art en quête permanente de la métaphore qui transmet quelque chose de véritablement significatif, engagé et énonçant métaphoriquement un point de vue personnel sur les vérités profondes du monde dans lequel il vit. C'est ainsi que j'ai lu et relu, les poings serrés, la première partie de ce recueil poétique où : *le fou de félicité/ rit de façon salée, rit de façon rouge/[...]/ dans le donetsk de peur/ d'éloignement* !

Dans la seconde partie, j'ai eu l'honneur, le plaisir et la surprise de découvrir le poète Gabriele DINU qui utilise un vers simple, direct, discursif pour étaler une conscience inquiète qui refoule par des rythmes osés, en vers fluides enveloppés dans des significations et mystères d'une inépuisable et remarquable flexibilité expressive. *La félicité se trouve dans le centre commercial/ Lukoil ou Petrom/ sous la forme d'une pièce de monnaie/ de 50 bani* ! Personnellement, je NE doute pas que le président Iohanis, Ciucă ou Ciolacu pourraient comprendre pourquoi *est venu l'ange et il a pleuré* !

Complexe et turbulent, généreux et provocateur, avec des éclats métaphoriques d'impertinence et transparence, le présent recueil met en avant la vitalité de la méditation intellectuelle et constitue un acte/fait artistique dont la POÉSIE gagne en tant que forme de résistance : la poésie comme arme et fleur, la poésie comme parfum et/ou bouclier !

Je félicite l'éditeur qui a eu la généreuse idée de ce duel poétique mais aussi les lecteurs qui se laisseront prendre au jeu des assauts et des parades métaphoriques du recueil *Le IVe Reich*.

Ion Gabriel PUȘCĂ-LUPIȘOR